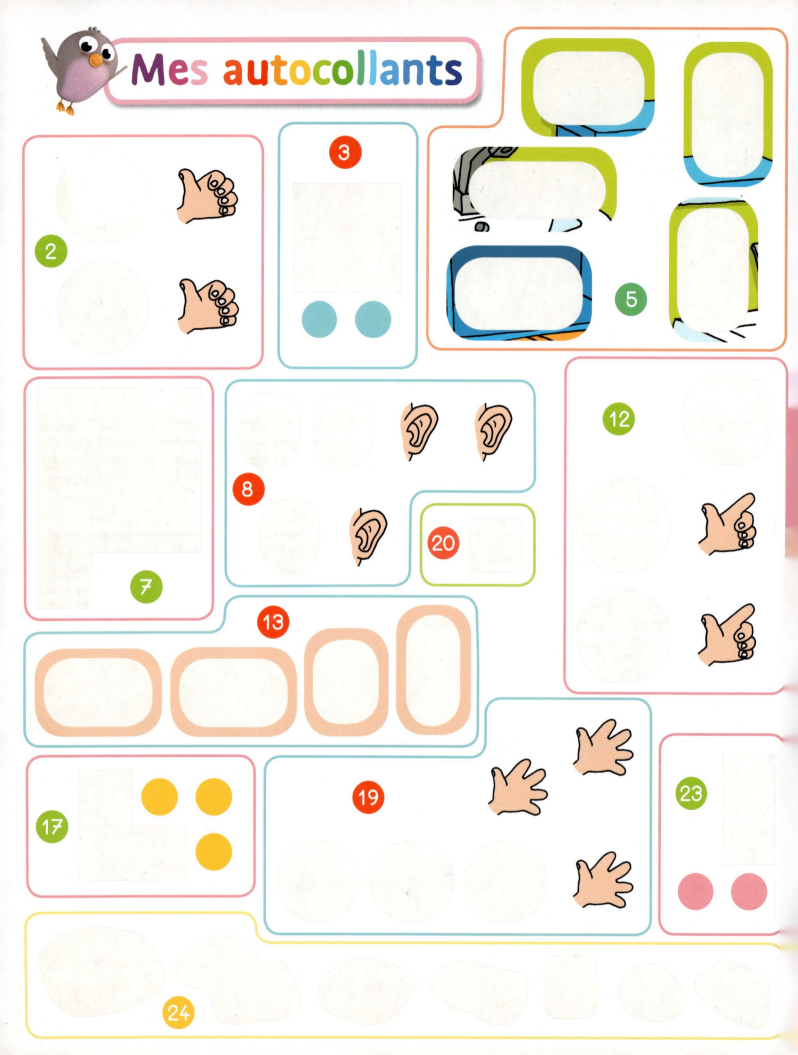

| Toute petite section | dès 2 ans |

à la maternelle

Tout le programme

Auteur
Michèle Brossier
professeur des écoles

Illustrations
Marie Quentrec
et
Nicolas Francescon
(couverture, mascottes et pictos)

Présentation du cahier

● Entre **2 et 3 ans**, votre enfant commence à participer à la **vie en groupe** et à explorer de plus en plus son environnement. C'est l'âge où il reconnaît l'existence des autres et commence ainsi à partager, à donner et à recevoir.
C'est aussi le moment où il apprend à être de plus en plus **autonome** : il commence à mettre et à enlever lui-même ses vêtements, à exprimer ses envies et ses besoins, à affiner ses goûts, etc.
L'un des enjeux essentiels de cette période est d'**apprendre à communiquer**. Dans les actes de la vie quotidienne, l'acquisition du langage oral tient alors une place très importante, qui met en jeu ses capacités d'observation et d'écoute.

● Ce cahier **écrit par une enseignante** couvre l'ensemble des activités d'une année en Toute Petite Section de maternelle selon le **programme de l'Éducation nationale**. Les activités de ce cahier sont adaptées pour être réalisées à la maison, et accompagneront en douceur les différents apprentissages de votre enfant.

● Ce cahier est composé de fiches d'activités annonçant chacune le domaine d'apprentissage et l'**objectif pédagogique**. Les consignes sont formulées à l'intention des enfants.

● Les **pages « Récré »** leur offrent une pause ludique entre les différents apprentissages.

● **Comment guider votre enfant ?**
— Laissez le temps à l'enfant de découvrir la page et les illustrations.
— Lisez une ou plusieurs fois la consigne avec lui.
— Demandez-lui ce qu'il a compris.
— Aidez-le si nécessaire.
— Respectez son rythme.
— Encouragez-le et félicitez-le.

Ce cahier appartient à :

Je suis en toute petite section, **j'ai** ___ **ans**

Je m'appelle Carotte, je t'accompagne tout au long de ton cahier !

Sommaire

FICHES 1, 6, 10, 16, 22, 27, 33, 38, 43, 53

- Apprendre à tenir un crayon ou un feutre
- Acquérir la maîtrise de son geste
- S'entraîner à tracer des traits verticaux et horizontaux
- S'entraîner à tracer des points et des cercles

FICHES 2, 7, 12, 17, 23, 29, 34, 39, 45, 48, 51, 55

- Commencer à reconnaître des quantités : 1 et 2
- Apprendre à compter : 1 et 2
- Reconnaître la forme ronde
- Se repérer dans l'espace : dedans/dehors, sur/sous, haut/bas
- Comparer des grandeurs
- Suivre un rythme

FICHES 3, 8, 13, 19, 25, 30, 35, 41, 46, 49

- Découvrir les cinq sens
- Découvrir son corps
- Découvrir le vivant
- Découvrir le non-vivant : les objets
- Différencier le jour et la nuit

FICHES 5, 14, 26, 37

- Enrichir son vocabulaire
- Décrire une image
- Distinguer des sons proches

FICHES 9, 20, 31, 42

- Lire une image
- Affiner la perception visuelle
- Repérer des éléments identiques

FICHES 4, 11, 15, 18, 21, 24, 28, 32, 36, 40, 44, 47, 50, 52, 54

- Jeux
- Histoires et questions de compréhension
- Coloriages

1 Graphisme

Réaliser une trace sur une feuille.

Fais des taches sur la serviette.

Quel est le parfum du yaourt ?

2 Nombres

Commencer à reconnaître une quantité : 1.

Colle un autocollant « pouce levé » quand il n'y a qu'un seul jouet.

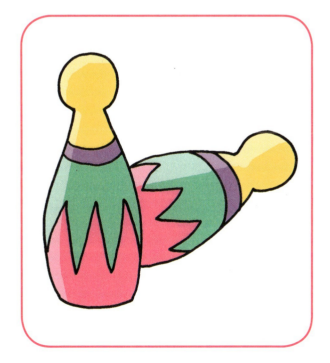

3 Découverte

Identifier les éléments d'une même famille.

  Colle un autocollant bleu sur les animaux.

Comment s'appelle le petit de la poule ?

4 Récré

★ **Trempe ton doigt dans de la peinture et pose-le sur chaque grain de raisin.**

Que préfères-tu pour le goûter ? Entoure ta réponse.

5 Langage

Reconnaître et nommer les objets du quotidien.

 Nomme les objets de toilette que tu vois.
Colle ensuite les autocollants aux bons endroits.

6 Graphisme

Tracer des lignes.

Avec un gros feutre, emmêle le fil de laine autour du chat.

Sais-tu d'où vient la laine ?

7 Repérage

Se repérer dans l'espace.

 Colle des autocollants sur le chemin.

8 Découverte

L'ouïe : distinguer ce qui fait du bruit et ce qui n'en fait pas.

Colle un autocollant « oreille » sur ce qui fait du bruit.

Quels autres objets font du bruit ?

9 Observation

Associer un titre à une illustration.
Observer une image.

 Entoure le livre qui s'appelle « Caramel prend son bain ».

10 Graphisme

Réaliser une trace à un endroit précis.

Avec un gros feutre, donne à manger aux chiens.

Comment s'appelle la maison du chien ?

11 Récré

★ **Colorie la tomate.**

Préfères-tu le jus d'orange ou le jus de tomate ? Entoure ta réponse.

Commencer à reconnaître une quantité : 2.

 Colle un autocollant « pouce et index levés » quand il y a deux fruits.

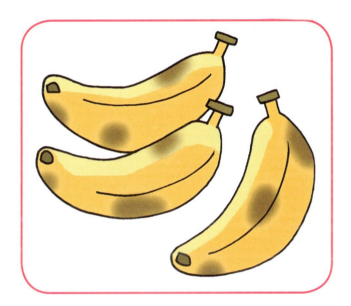

13 Découverte

Connaître les différentes parties du visage.

 Colle les autocollants des yeux, du nez et de la bouche.

Montre tes yeux, ton nez et ta bouche.

14 Langage

Connaître l'utilité des objets.

 Dis à quoi sert chaque objet.

15 Récré

★ Colorie le citron.

 Entoure ta couleur préférée.

16 Graphisme

Réaliser une trace à un endroit précis.

 Continue de tracer la fumée des avions.

Connais-tu d'autres engins qui volent ?

17 Formes

Reconnaître la forme ronde.

 Colle un autocollant jaune sur tous les biscuits ronds.

18 Récré

★ Colorie le dauphin.

Quel animal préfères-tu ? Entoure ta réponse.

19 Découverte

Le toucher : distinguer ce qui est dur et ce qui est mou.

Dis ce que tu vois et colle un autocollant « main » sur ce qui est mou.

20 Observation

Affiner la perception visuelle.

 Colle un autocollant vert sur le même personnage que le modèle encadré.

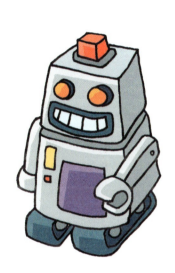

De qui l'ourson est-il le petit ?

Le Lapin et le Hérisson

Un beau matin, un lapin sortit de son terrier pour aller chercher quelques carottes dans le jardin voisin.
– Je laisse la porte ouverte, se dit-il, je ne vais pas bien loin.

Mais en rentrant chez lui, il vit la porte du terrier fermée. Il pensa aussitôt que quelqu'un était entré chez lui.
Il posa à terre les carottes et frappa très fort à la porte.

– TOC, TOC, TOC ! Qui est là ?
Cette maison est la mienne ! Ouvrez !
La porte s'ouvrit tout doucement
et le lapin vit un petit hérisson
tout tremblant de peur.

– Excusez-moi, dit le hérisson
d'une petite voix,
je ne voulais pas vous importuner.

Je cherchais une maison, et j'ai vu la porte
de ce terrier ouverte, alors, je suis entré pour m'y installer.
Je n'ai pas d'amis, et je ne sais pas où aller.
– Ah bon, dit le lapin. Moi aussi, je cherche des amis.
Si vous voulez, je vous aiderai à chercher une maison près d'ici,
et on pourra se voir souvent.
– C'est d'accord, répondit le hérisson tout joyeux.

Et c'est ainsi qu'un lapin et un hérisson devinrent amis.

★ Pourquoi le lapin sort-il de son terrier ?

★ Qui s'est installé chez le lapin ?

★ Le lapin et le hérisson sont-ils amis à la fin de l'histoire ?

22 Graphisme

Réaliser une trace en forme de cercle à un endroit précis.

 Avec un crayon, tourne dans la soupe trop chaude pour qu'elle refroidisse.

Que peux-tu faire aussi pour refroidir la soupe ?

23 Repérage

Distinguer « dedans » et « dehors ».

Colle un autocollant rose sur les enfants qui jouent dans la cabane.

Où jouent les autres enfants ?

24 Récré

★ Retrouve la place de chaque autocollant.

Quel est ton jeu préféré ? Entoure ta réponse.

25 Découverte

Connaître le schéma corporel.

 Habille la fille en utilisant les autocollants.

26 Langage

Nommer ce que l'on voit.

Dis tout ce que tu vois sur l'image.

Sais-tu quel animal fait le lait ?

27 Graphisme

Faire des gestes précis : réaliser des traits.

 Avec un gros feutre, trace des brins d'herbe autour de l'escargot.

28 Récré

★ **Complète le kangourou comme sur le modèle encadré.**

Comment vas-tu à l'école ? Entoure ta réponse.

29 Repérage

Faire la différence entre « grand » et « petit ».

 Colle un autocollant gris sur l'éléphant le plus grand.

Comment s'appellent les deux longues dents qui entourent la trompe de l'éléphant ?

30 Découverte

L'odorat : distinguer ce qui sent bon et ce qui sent mauvais.

 Nomme ce que tu vois et colle un autocollant « nez » sur ce qui sent bon.

31 Observation

Affiner la perception visuelle.
Reconnaître deux éléments identiques.

 Colorie le dessin identique au modèle encadré.

Comment s'appelle la maison avec un drapeau ?

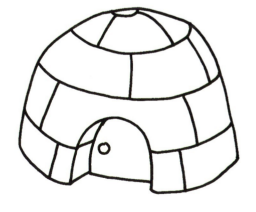

32 Récré

★ Colorie la grenouille.

En quoi préfères-tu te déguiser ? Entoure ta réponse.

33 Graphisme

Faire des points avec un feutre.

 Fais des petits points sur le dos de la coccinelle avec la pointe d'un feutre noir.

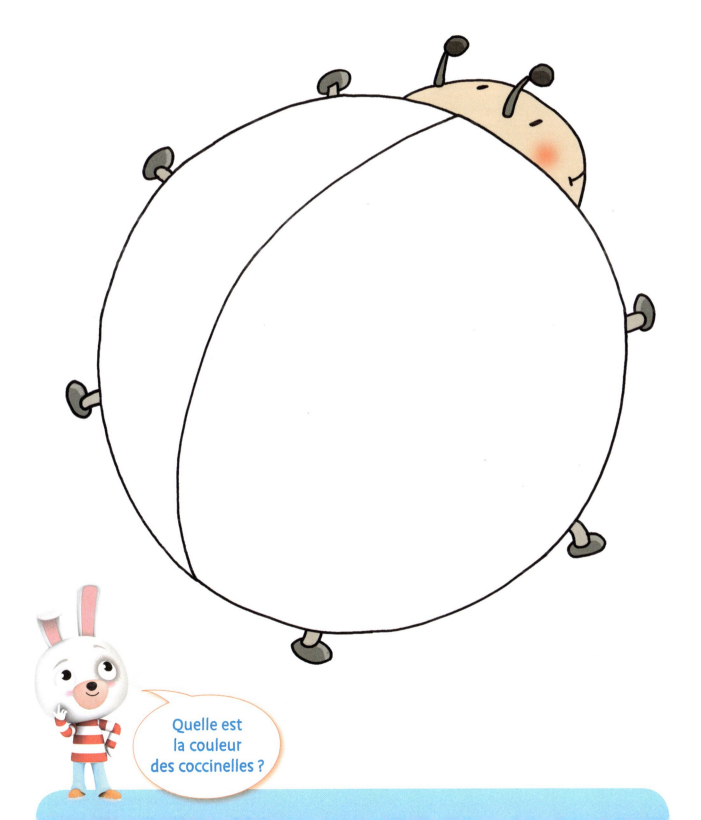

Quelle est la couleur des coccinelles ?

34 Nombres

Apprendre à compter : 1 et 2.

Colle ou dans chaque image.

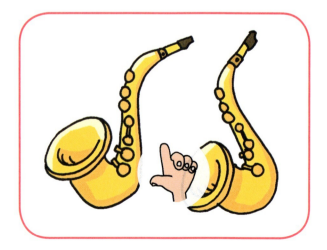

35 Découverte

Identifier les éléments d'une même famille.

 Colle un autocollant bleu sur les objets que l'on peut mettre sur la tête.

Avec quoi tricote-t-on les bonnets ?

36 Récré

★ **Vois-tu les deux différences entre les koalas ? Entoure-les.**

À quel numéro de cirque les koalas participent-ils ?

37 Langage

Distinguer des sons proches.

 Pour chaque question, entoure la bonne réponse.

● Que peux-tu faire avec du sable ?

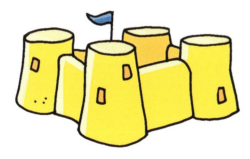

● Dans quoi peux-tu mettre de l'eau ?

38 Graphisme

Tracer des traits dans une surface donnée.

 Trace les piquants du hérisson qui n'en a pas.

Que fait le hérisson pour se protéger ?

39 Repérage

Faire la différence entre « sur » et « sous ».

 Colle l'oiseau sur une branche et l'écureuil sous l'arbre.

40 Récré

★ Relie chaque dessin à son ombre.

Quel temps fait-il chez toi ? Entoure la bonne réponse.

41 Découverte

Connaître le schéma corporel.

 Habille le garçon en utilisant les autocollants.

Quel animal est caché derrière le sapin ?

42 Observation

Reconnaître deux éléments identiques.

 Relie les objets qui sont les mêmes.

43 Graphisme

S'entraîner à tracer des traits verticaux.

 Relie chaque personnage à son ballon.

44 Récré

⭐ Barre ce qui ne se range pas dans un placard de cuisine.

Quelles chaussures portes-tu aujourd'hui ? Entoure ta réponse.

45 Repérage

Faire la différence entre « grand » et « petit ».

 Regarde les poissons et entoure le plus grand.

Où vivent les poissons ?

46 Découverte

Le goût : distinguer ce qui est salé et ce qui est sucré.

 Nomme ce que tu vois et entoure ce qui est salé.

47 Récré

★ **Trempe un bouchon en liège dans de la peinture et tamponne les pois sur le drap.**

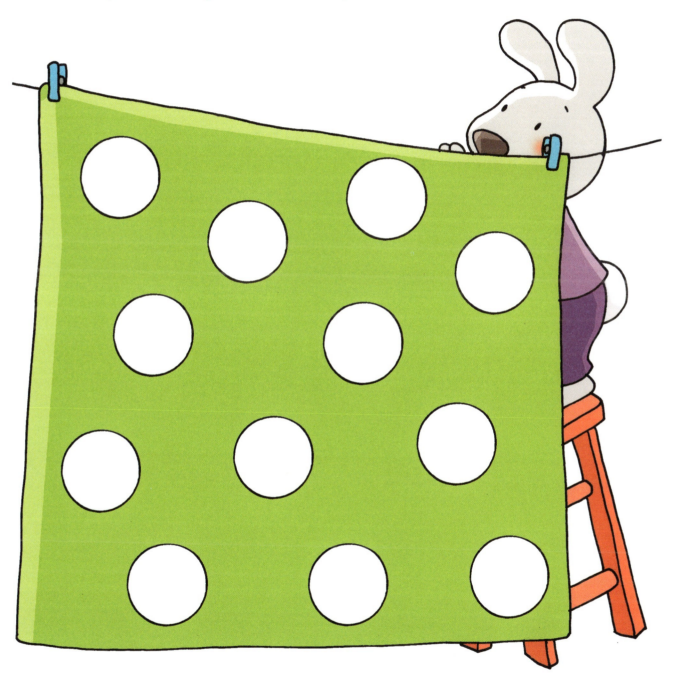

Es-tu un garçon ou une fille ? Entoure ta réponse.

48 Repérage

Faire la différence entre « haut » et « bas ».

 Colle un autocollant rouge sur la poule en haut de l'échelle et un autocollant bleu sur celle en bas de l'échelle.

Comment s'appelle le papa du poussin ?

49 Découverte

Différencier le jour et la nuit.

Colle un autocollant « soleil » quand il fait jour et un autocollant « lune » quand il fait nuit.

La Petite Poule rousse

La petite poule rousse grattait dans la cour, quand elle trouva un grain de blé !
– Qui va semer ce blé ? dit-elle.
– Pas moi, dit le dindon.
– Ni moi, dit le canard.
– Ce sera donc moi,
dit la petite poule rousse ;
et elle sema le grain de blé.

Quand le blé fut mûr, elle dit :
– Qui va porter ce grain au moulin ?
– Pas moi, dit le dindon.
– Ni moi, dit le canard.
– Ce sera donc moi, dit la petite poule rousse ; et elle porta le grain au moulin.

Quand le blé fut moulu, elle dit :
– Qui va faire du pain avec cette farine ?
– Pas moi, dit le dindon.
– Ni moi, dit le canard.
– Ce sera donc moi, dit la petite poule rousse ; et elle fit du pain avec la farine.

Quand le pain fut cuit, elle dit :
– Qui va manger ce pain ?
– Moi, cria le dindon.
– Moi, cria le canard.
– Ah ! Non, pas vous ! dit la petite poule rousse.
Moi et mes poussins nous le mangerons.
Cot ! Cot ! Venez, mes chéris !

★ Que trouve la poule dans la cour ?

★ Quels animaux refusent de l'aider ?

★ Qui va manger le pain ?

51 Nombres

Reconnaître 1 et 2.

Relie les gâteaux d'anniversaire aux bonnes étiquettes.

52 Récré

★ **Colorie le cochon.**

Préfères-tu l'histoire du Petit Chaperon rouge ou celle des Trois Petits Cochons ? Entoure ta réponse.

53 Graphisme

S'entraîner à tracer des traits horizontaux.

Relie chaque maman à son petit.

54 Récré

★ **Colorie le cerf-volant avec 4 couleurs : rouge, bleu, jaune et vert.**

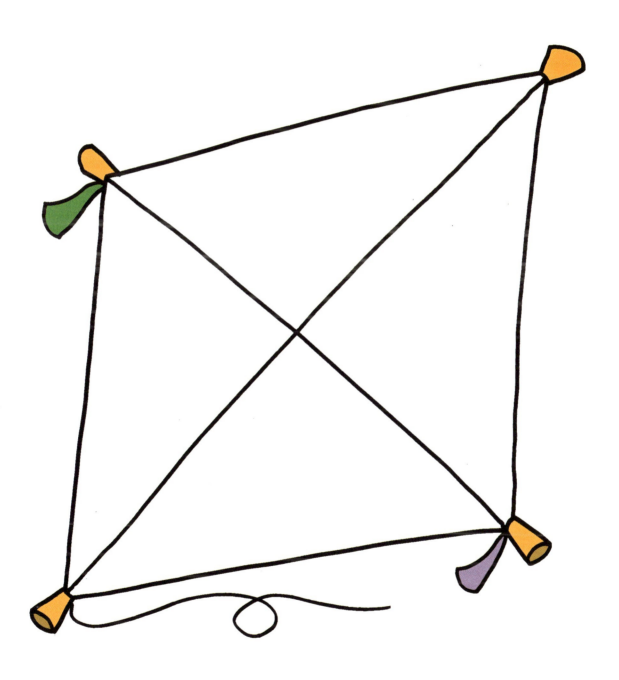

 Quel âge as-tu ? Entoure la bonne réponse.

55 Rythmes

Alterner deux couleurs.

 Place dans chaque pétale de la fleur un autocollant rouge, puis un jaune, puis un rouge, et ainsi de suite.